SEÑALES PARA HALLAR
ESE EXTRAÑO LUGAR
EN EL QUE HABITO

Osvaldo R. Sabino

SEÑALES PARA HALLAR ESE EXTRAÑO LUGAR EN EL QUE HABITO

editorial **BETANIA**
Colección BETANIA de Poesía

Colección BETANIA de Poesía.
Dirigida por Felipe Lázaro.

Portada: *El silencio de los ángeles*, de CARLOS LEIRO, Buenos Aires, Argentina.

Editorial Betania.
Apartado de Correos 50.767.
Madrid 28080, España.

I.S.B.N.: 84-8017-020-4.
Depósito legal: M-36708-1993.

Imprime: Artes Gráficas Iris, S. A.
        Lérida, 41
        28020 Madrid, España.

Impreso en España - Printed in Spain.

A,
Mercedes Arisi y Juan Rodríguez,
Mercedes Julián y Janice Miller,
asiduos visitantes de ese extraño
lugar en el que habito.

ÍNDICE

Ni la enumeración, ni el cruzamiento, ni el encabalgamiento de los hechos —que no sé lo que son ni qué los limita en el espacio ni en el tiempo— ni su interpretación, que sin destruirlos crea otros nuevos, me permiten descubrir su clave y ellos tampoco me permiten descubrir la mía.

Jean Genet, Diario de ladrón

¡Oh espacio y tiempo infinitos!
Ahora veo que es verdad lo que yo imaginaba,
lo que yo soñaba despierto en mi lecho solitario,
tumbado en la hierba,
o vagando sobre la arena de la playa bajo las pálidas
estrellas de la aurora.

Walt Whitman, Canto a mí mismo

LIMITES ALIENADOS

i

Los manchados dedos de una mano anónima han doblado las tres puntas rojas de mi corazón.

Sin preocuparse de que estaban marcados con las huellas dejadas por un dolor cercano, fueron deshaciéndose de cada uno de sus límites como si fuesen hojas de papeles olvidados.

Al fin de la jornada, cuando la satisfacción los hartó de su juego, lo abandonaron entre los aullidos de un tumulto de hojas secas que volaban hacia el río.

ii

Los ecos de los pasos del tiempo y la cercanía de las sombras de la muerte son los más claros indicios de que aún continúo vivo.

iii

Mi inocencia se baña en los rayos de sol de los días desnudos, los pocos que aún se animan a aproximarse para reconocer las marcas que quedan sobre mi piel.

iv

Cuando siento el peso de mis párpados rozando el filo de las más solitarias madrugadas, la sequedad de mi boca me incita a recordar el sabor que dejan los besos plantados sobre labios anónimos de compañeros de noches que ya no registro en la memoria.

v

El gusto amargo que han dejado en mi garganta los amores pasajeros es el precio que pago para alcanzar a aprender a confiar en el momento de la entrega.

vi

Antes de poseer la humedad de otros labios mis ojos parpadeaban como la luz inquieta de una vela abandonada a los soplidos del viento.

vii

Los círculos que ondulan la atmósfera que me rodea se agitan ante la estela que trazan dos manos desconocidas intentando acercarse hasta el centro de mi pecho.

Todos los que se animan a acompañarme en este camino lo saben. Nunca han dudado que, a pesar de los escollos que abundan en el viaje hacia la muerte, una vez más volveremos a encontrarnos, porque también nos estaremos esperando al llegar más adelante.

En una fecha que ya no puedo recordar tomé la decisión de hacer las paces y convivir con la carga del pasado. Lo hice sólo después de descubrir que es la fórmula más efectiva para no abandonar el presente cuando se acercan las horas en que me dejo invadir por los silencios.

Después de que caen los últimos rayos de sol, huyo a las montañas. Sentado bajo la noche, devoro cadenas de letras olvidadas con las que armo la forma de las palabras que entibiecen el susurro de las hojas en blanco.

Debajo de las maderas que cubren el piso no hay más que simples insectos que sólo pueden hacer el amor después de ser descubiertos por las sombras.

Cada vez que cruzo el umbral de la medianoche escucho pasos que se distinguen del resto de la multitud. A pesar de los sonidos que rebotan sobre la corteza del silencio, jamás los puedo confundir. Mis oídos saben que alguien los ha adiestrado para que logren atrasar las urgencias de los relojes.

Cuando mis dedos sangran tiñiendo la memoria, calmo los velos de mi ansiedad arañando los violentos envoltorios de las metáforas más tímidas que se empecinan en no querer ver los colores desplegados ante los artificios de la primera luz de la mañana.

Tras las tupidas ramas de los bosques de la duda se refugian legiones de ojos coloreados por la incertidumbre. Desde ese escondite en donde se amontonan para ocultar sus vergüenzas espían cada uno de los movimientos de las letras que descomponen las formas de mis abecedarios, los pocos que aún no han logrado huir del frágil hueco que suda entre mis manos.

La febril persistencia de los sueños que nunca he podido abandonar me condujo hacia incontables veredas en las que tuve que presenciar el poder de las catástrofes. Mis ojos son los mudos testigos de los lentos pasos de la niebla que cubre mi historia.

xvi

¿Existirá alguien capaz de adiestrarme en el manejo de los métodos para empuñar las armas con las que pueda asesinar esta pálida imitación de la luz antes de que logre cegarme?

xvii

No puedo escapar del destino de esconder mi futuro entre las palabras que cultivo. Dentro de cada una de ellas se encierra un retazo de la memoria que me habita.

xviii

Sé que todos los días, aún cuando están detenidas, las agujas de mis relojes emprenden dos viajes completos para recorrer los minutos de la hora que quisiera que nunca llegase.

Una mano anónima ha colgado una llave al costado del marco de mi puerta. Es una invitación que me seduce a penetrar los misteriosos corredores en los que me esperan las oscuridades futuras.

Mis pesadillas flotan entre los hilos de las lágrimas que no puedo contener. Son más pesadas que las viscosas manchas de aceite que los barcos derraman sobre el mar. Todos mis intentos para llegar a unirlas han sido en vano. Mi llanto las sigue manteniendo a flote.

Desde el principio de los tiempos que registro en la memoria, mis héroes luchan contra sus enemigos armados con la fuerza de su voz. Hasta hoy nadie logró callarla todavía.

Muchos lo intentaron apelando a los métodos menos poéticos, pero las voces de mis héroes continúan dándole forma a la rebelión de las palabras.

xxii

Deambulo entre los silencios de la hojarasca que alfombra los bosques más cerrados. Sólo allí logro rencontrarme con todas las frases que aún siguen perdidas en su vana búsqueda de una ruta para escapar de mi boca, pero la cobardía de mis dientes las confunde.

xxiii

Mis muertos descansan cubiertos de tierra ajena, en fosas cavadas sobre tierras que ignoro, pero mi obstinada insistencia en continuar vivo nunca los deja terminar de morir.

xxiv

Por las noches, muchos cuerpos que ignoro esperan ansiosos la llegada del amor.

Algunos saben que ha llegado y se obstinan en dejarlo pasar porque temen reconocer que lo estaban esperando.

Otros se lamentan por su ausencia, y nunca alcanzan a enterarse de que han cabalgado sobre su espaldas.

Ni los rayos de sol de los días desnudos, ni las catástrofes que he presenciado en mis caminos, me han hecho olvidar que los animales no piden auxilio cuando llega el momento de parir, ni tampoco cuando saben que se aproxima la hora de su muerte.

xxvi

Alzo mis ojos buscando una nueva luz. No puedo hallarla porque el vuelo de las cenizas de las grandes hogueras que se encendían sobre mis caminos desdibujan los contornos del sol.

Mis ojos se hunden nuevamente bajo la tierra que castigo con el peso de los rumbos de mis zapatos.

xxvii

Sé que en la memoria llevo encerradas las palabras con las que se nutre mi conciencia.

Pero no ignoro que también cargo el peso de otras que son tan frágiles como la espuma del mar.

xxviii

Madre:
    todavía escucho los gritos del nacimiento.

xxix

Madre:
    ¿sabes tú cuántas veces he muerto ya?

xxx

Madre:
    ¿cuántas más deberemos repetir el mismo ritual?

LAS ESCASAS GOTAS DE OSCURIDAD
QUE AUN ME HABITAN

i

Dentro de mis
                palabras hay palabras,
dentro de mis
                letras hay palabras,
dentro de mis
                metáforas hay palabras,
por eso debo decirles todas mis
                palabras.

ii

Tengo frente a mí lo poco
que queda de lo que fueron las orillas de mi cuerpo,
pero siguen atrapadas entre los límites de un espejo.

iii

La música encierra
indescifrables sonidos de otras
músicas
que se derraman sobre
los claustros de las notas
del olvido.

iv

Quiero que sepan que sólo
                    vivo en la oscuridad,
            que sólo
                    camino bajo la lluvia,
            que sólo
                    converso con mis muertos,
            que sólo
                    amo a mis amores.

v

Cuando mi   se estampa sobre otra   destruida,
        imagen   imagen
huyo   ruido   silencio.
hacia el fondo del   para no convertirme en

vi

                    Cierro mis
                            ojos
            porque frente a ellos se despliegan
                                    colores
        que quieren infiltrarse en las filas de mis
                                    palabras.

23

vii

Cuando decido que mis
huesos
agonicen sobre otros
huesos,
dejo que la sal me cubra y reviva mis
huesos.

viii

Alas de gaviotas,
pensamientos oscuros,
versos estrangulados:
discursos invernales.

ix

Lavo mis heridas con
lágrimas.
Renazco
entre los gritos de las sombras
muertas.
Escribo
poemas con el filo de mis
uñas.
Vivo
rodeado de las luces más opacas.

x

La luz que involuntariamente
nace de la espontánea oscuridad,
genera luz.

xi

Cuando bebo la transpiración ardiente
que gotea de otros cuerpos,
pienso:
¿Es ésta la única respuesta que puedo darle a mi
esperanza?

xii

El fuego
helado de las entrañas de mi instinto
es el trazo que he marcado sobre el camino
para poder regresar a mí
después de recorrer los laberintos
que involuntariamente me conducen a
la razón.

xiii

LA TECLAS Y LOS SIGNOS
son las únicas
y más preciadas de las propiedades de mis
letras.

xiv

Cuando llegue la hora
en que el amor
se harte de mi cuerpo
y deje de hacerme el amor,
cubriré los andenes de las estaciones
con margaritas frescas,
y me sentaré a esperar la llegada
del tren de los inviernos.

xv

Mis ventanas están
abiertas
para que las penetren los
sueños
que por temor huyen de la
memoria.

xvi

Cada vez que se acerca el momento cuando mis deseos
desgarran los velos de la pasión,
veo al sol estrellándose contra las astillas
de su luz.

xvii

Los pájaros de mi piel
se derraman
sin arrepentimientos
entre los intersticios de los cuerpos
sobre los que hago el amor.

xviii

Nuestros ojos todavía no han caído
en las trampas truculentas que nos
tienden los lobos.

xix

Al salir de nuestro interior,
crecemos,
aunque la imprudencia salpica nuestra estatura con
sus jugos amargos.

xx

Aún la más descolorida de las calmas
se viste de gris
cuando la hora del ocaso
trae ecos de voces olvidadas.

xxi

Estamos
habitados por un solo pensamiento
y
la impotencia de la mente
nunca
termina de darle la forma que
imaginamos.

xxii

Un poema encalló entre las rocas
de una playa que nunca quiso ser abordada,
y la imprudencia de sus letras lo hizo hundirse en la arena.

xxiii

Nunca alcanzaremos
a ser más
que una simple continuación del
infinito.

xxiv

Después de cruzar el mar
se dejan oír todos los llantos nuevos
que nuestros oídos ignoran.

xxv

Escribimos cada palabra
dándole
el mismo valor que les dan aquellos que aún
se atreven a amarlas.
Sus significados terminan ignorándonos
y se multiplican sobre superficies
espejadas.

xxvi

Algunas flores
se mueren antes de decidir si vivirán durante la
noche o el día,
otras logran sobrevivir
solamente porque no pierden el tiempo.

xxvii

Las venas de los dolores se desangran
en su vuelo
después de ser castigadas por los látigos
del viento.

xxviii

La primera claridad del día siempre
busca filtrarse
bajo la luz que se escurre entre
las puertas y los umbrales.

xxix

Escondo mis párpados justo en el instante anterior
a que los absorban las rebeldías
de algunas páginas pobladas
por alfabetos vírgenes.

xxx

Me concentro ante el sumiso abrazo del tiempo
para no perder las escasas gotas
de oscuridad que aún
me habitan.

NOCIONES ACUMULADAS EN LOS SEGUNDOS PREVIOS A LA HORA DE PARTIR

i

No me asusta escribir las palabras que
todavía no conozco.
Puedo pronunciar cada uno de todos
los verbos prohibidos.
Mis recuerdos sólo se desnudan
ante una copa vacía.

ii

Niego el crimen
de la mano más pura
que no deja de hundir sus puñales
cuando la acosan antiguas deudas en rojo.

iii

El olvido
se ahoga en la cristalina suavidad de una lágrima
derramada en un momento de necesidad.

iv

El hambre me
quiebra,
la llovizna me
ataca,
el viento me
despeina,
la sangre se
escapa
de mis venas,
pero mi sombra continúa insistiendo en
no abandonar el rumbo de mis pasos.

v

Para poder continuar amando
las vibraciones que escapan
de los sonidos,
he asumido con resignación este destino
de aceptar el vacío de otras músicas inesperadas.

vi

Noche de las noches:
unos dedos vagan entre los caminos de
las estrellas,
una boca se estampa sobre los labios de
la luna,
un aullido se desliza de
mi boca
hasta perderse más allá de
los techos.

vii

La luz
se encierra entre las visiones
de todas las formas que
escapan de los polvorientos registros
donde se inscriben los nombres que habitan
mis pasados.
Tal vez sea por eso que mis ojos se han habituado a
su ausencia.

viii

Estoy rodeado por siete esferas que reflejan
lo que pudo haber sido cada cosa que no fue.
Debo huir hacia la unidad que me espera al otro lado
del espejo.

ix

Cuando mis ojos descubren los ojos vendados de la
justicia,
mi razón declara su inocencia.

x

Una ternura solitaria
navega por las calmas orillas de un río,
cuando se enfrenta con la inmensidad del mar,
la envidia de las olas la devora.

xi

Ha llegado la hora de cubrir los espejos,
ya han comenzado a insistir
en la tediosa repetición
de inmerecidas alabanzas.

xii

La luz del ocaso
me enfrenta a otros ocasos
que debo atravesar para llegar al próximo.
Cada vez que logro alcanzarla,
se marcha llevando un nuevo trozo de mi ser
entre sus dedos.

xiii

La belleza se alimenta de sí misma,
se peina,
se viste,
y antes de asistir a los funerales de sus hermanas
esconde sus muletas detrás de una puerta.

xiv

Las lágrimas se me escapan de los ojos
cuando escucho voces
que comentan
sobre alguna de mis tantas muertes.

Cuando las esperas se enfrían
sobre los pliegues de mi piel,
la luz del sol empuja mis márgenes hacia el borde
de las aguas para admirar sus reflejos,
y una multitud de nombres descompuestos que ignoran mi
existencia
copula en las esquinas del tiempo.

xvi

Al otro lado de la
oscuridad
sólo quedan letras cubiertas por las
cenizas
de las palabras que formaban antes de su
muerte.

xvii

No quiero escuchar
el lamento de las pasiones muertas.
No quiero aceptar
los sollozos de los tiempos idos.
No quiero respetar
la amargura de los días acumulados.
No quiero creer
en la paz del arrepentimiento.
Estoy seguro.

xviii

Los sótanos encierran
mundos.
Las alcantarillas destapan
universos.

xix

Me rebelo ante los perfumes
del tiempo.
Sangro cuando las voces del pasado
me abandonan.

xx

Las selvas estallan de inocencia
cuando se enfrentan a la paleta del pintor
que deflora sus colores.

xxi

El sonido de mi nombre
se mantiene alejado de estos dolores que explotan
entre mis manos
cuando las palabras las encadenan.

xxii

Cuando llegue la ansiada hora previa al momento de
partir,
empacaré los rostros lejanos,
los hijos del invierno,
el agua que los días dejaron escapar entre mis
dedos,
una borrasca de ausencias
y algunas páginas de ideales,
para perderme en un bosque de consuelos
alineados
entre las innombrables horas
de mis perpetuos silencios.

METAFORA DEL SUICIDIO

i

La búsqueda de triunfos
proyecta su sombra sobre los rostros de la derrota,
se deja alucinar
ante los pájaros que huyen de los espejos,
y esconde los ecos de su memoria
entre las cenizas que flotan sobre
los últimos restos del olvido.

ii

Una voz desnuda
se arrodilla en los umbrales
de la fiebre.
Su pecho abierto
se inunda de llanto
y los ojos de la medianoche del vino
gotean borracheras sangrientas
sobre la mugre de la mesa.

iii

La envidia que escapa
de los mudos latidos de un espejo
obliga a callar una verdad demasiado grande
para ser reflejada sobre su superficie.

iv

La nostalgia pasea sus suspiros
entre los dorados interrogantes del infinito.
En su andar desarticula la luz de los relámpagos
que intenta penetrar la delicada piel que la separa
del paraíso.

v

Entre los ajustados intersticios
que un manojo de pensamientos prohibidos
ha olvidado de rellenar,
se han vuelto a infiltrar los rebenques
que azotan la paz de las puertas de la noche.

vi

Hileras de poemas
que sobreviven a espaldas de la ley de los
hombres
cubren sus bocas con mantos de versos
híbridos
para que no las obliguen a cantarles a los
arrenpentimientos.

vii

Un coro de ausencias
hamacándose sobre las cuerdas del arpa dormida
canta nombres
que esperan las respuestas
de la boca de los hombres
porque descubrieron que han sido abandonados por
la mano de Dios.

viii

La luna brilla sobre tres tensas
líneas rojas
que dejó estampadas sobre el pavimento
la huida de un corazón torturado
que nunca ha dejado de producir sangre.

ix

Detrás de un gran portal
que aún nadie ha abierto,
hay relojes que se alimentan de flores
que nunca fueron paridas por las plantas.

x

Los muertos
se sientan a meditar sobre el mármol de
sus tumbas
y los acarician las hojas que arrastra
el viento
entre los angostos pasajes
del cementerio.

xi

Las plegarias
de los labios que se arrastran
buscando la frescura de
las tormentas pasajeras
se abandonan ante la embriaguez de
la inmovilidad del alma
y nunca logran alcanzar
su verdadera dimensión.

xii

Desde las alcantarillas del mundo
todas las bocas anónimas vomitan cercanos olvidos
sobre los ídolos
que se afanan por ametrallarnos con la gloria fugaz
que brota de sus nombres.

xiii

La desnudez de las verdades
oscila aferrada al respaldo del lecho en donde
la mentira fornica con la razón.

xiv

La libertad del poeta
oprime los brillos de las metáforas
y los condena
a la oscuridad que cubre la cruel blancura
de una página desnuda.

xv

Un ramillete de letras se deteriora
esperando que las palabras se quiten la máscara
con la que cubren su inocencia
y decidan finalmente acercarse a ayudarnos a
descomponer las frases necesarias
para asaltar la boca de la justicia.

xvi

El poema hace su metamorfosis final cuando logra recostarse
sobre una nube.
En el instante posterior al momento
en el que alcanza a comprender la multiplicidad de su destino,
se suicida.

PERDIDAS

i

No sé en cuál de todos los rincones
fue que un día abandoné
mis ojos,
tampoco recuerdo
si alguna vez me preocupé de mantenerlos
en mi cara,
y ahora que mi cuerpo
ya no cabalga sobre la lejana espalda
de su juventud,
no quiero tener
que abortar el primer arrepentimiento
de mis labios.

ii

Ahora que el sol sólo se llama sol
y que la luna ha aceptado su destino de luna,
hartos de la insistencia de la furia,
los colores han decidido que es tiempo de marchitarse.

iii

Me desnudo
ante los brillos de la noche
esperando el momento
en que la luna termine de ignorar mi cuerpo
y por fin se decida
a poseerme.

iv

Mis pies no recuerdan ni la forma ni el destino
de cada uno de los caminos que han recorrido.
Sólo reconocen las incontables veredas que
pisaron.
Nunca he logrado que mi huella perdure sobre
la superficie de las baldosas,
porque las vecinas frustradas insisten en lavarles
la memoria.

v

Sé que durante el momento que recién he dejado atrás sólo
fui una constelación de otros
que ni ahora
ni más tarde
podré alcanzar a repetir.

vi

Araño las paredes marcando señales de rebeldía
porque la noche sólo posee una memoria
frágil,
difícil,
microscópica
y
descolorida
que nunca ha logrado retener
el pasado que yo no consigo recordar.

vii

He abrevado mis labios
en fuentes de las que el agua fluye
mezclada con absolutos silencios.
Pero no puedo volver a ellas porque
los años las han secado.

viii

Los dones que derramaron sobre los llantos de
mi nacimiento
tienen temor de aflorar
porque me vigila
el ojo único de una serpiente
que antes de que mi boca empiece a hablar,
condena mis palabras desde su rama
que arde en llamas.

ix

Letras,
sólo las letras son capaces de jugar con las palabras.
Se refugian en la reglamentación alfabética
para ampararse de su solitario destino
de ser los guardianes de los misterios
que encierra la lengua.

x

¿Cuántas veces más debo viajar sobre la misma ruta para
reconquistar el horizonte?

xi

Los bordes de mis manos
interrogan con paciencia escarbando entre los
polvorientos corredores de los sueños,
y no obtienen más
que diminutos símbolos
desconectados
que huyen de la realidad que me habita.

xii

Menos un suspiro,
lo aposté todo
a la carrera de la vida;
al llegar a la recta final, perdí.
Un momento antes de que llegase la hora de mi muerte,
ese último suspiro
huyó horrorizado ante la crueldad de la miseria.

CONSECUENCIAS SURGIDAS A CAUSA
DE LA MUERTE DE LA LUNA

i

Después de haber sido convocados a deliberar en una reunión extraordinaria, los teólogos han decidido no difundir el comunicado en el que anunciarían que la luna ha sido asesinada.

Sin difundir ningún detalle del motivo de su urgente asamblea, aseguraron que, por razones de seguridad, los detalles de los temas discutidos serán mantenidos en el más absoluto secreto.

Los documentos se preservarán, y quedarán custodiados por los monjes encargados de los archivos. La difusión de las actas podría llegar a provocar un suicidio colectivo entre los poetas.

ii

Manos anónimas han pintado en las paredes de la ciudad frases que anuncian que ha llegado el tiempo de que los poetas prescindan del uso de la luna.

Es la hora en que todos los placeres de la forma tienen que unirse para comenzar a montarse desordenados arriba del punto medio que se marca entre los ojos. Desde allí deberán lanzarse a las calles para ser derramados entre los pétalos que se marchitan sobre el frío gris del pavimento después del paso del cortejo fúnebre que acompañará hasta el cementerio a los restos de las páginas en blanco que serán ejecutadas en masa.

El valor de las letras que se unen para describir la soledad de los silencios de las nuevas noches oscuras será el único elemento con el que podrán contar todos aquellos que intenten poner en práctica sus experimentadas tácticas de seducción.

Voces imperiosas que viajan desde tierras desconocidas han cubierto los caminos que conducen hacia la más lejana de las memorias de la metáfora.

Sobre ellos han volcado todas las hojas pisoteadas del otoño aterrando a sus intrincados bordes.

Los poetas, alertados por un extraño sentimiento generalizado, buscaron refugio en las profundidades de las cavernas del silencio para esperar el anunciado arribo de las tropas de la muerte.

Una noche temprana y sin luces ha cubierto cada una de las calles que arrugan las viejas ciudades del universo.

La conjura de silencio protector diseñada por los teólogos ha sido inútil; la oscuridad de la noche ha logrado borrar del recuerdo de los poetas todas las posibilidades a considerar antes de decidirse por la opción del suicidio.

INVENTARIO DE VANIDADES

Creo que he podido alcanzar cada uno de los propósitos
que me he formulado antes de salir al camino:

vivo entre las voces de mis muertos,
soy un conglomerado de palabras que conozco,
cada noche celebro
a solas
la llegada de la luz de la luna,
y aún nadie
ha logrado introducir bajo mis huesos la
posibilidad de que comience a cantarle a las muletas
con las que se arrastran los silencios.

VISITA

Escucho voces.

Escucho voces que repiten
los silencios de los ecos del silencio
intentando magnificar las tumbas escondidas
bajo la oscuridad de la noche.

Una forma casi olvidada
comienza a crecer sobre las paredes de
la casa que me habita.

Espía entre la oscilante luz de las velas
asomando su cara desconocida.

Me mira sin importarle quién soy.
Con sus filosos dedos dibuja siluetas sobre los bordes
de los viejos arcones donde guardo la nostalgia de otros días.

Un ruido de pasos atrasados se escurre
entre la luz que se filtra sobre el zócalo.

Mis ojos se niegan a aceptar
que es una simple visita de la sombra de la muerte.

Vuelvo la espalda y me arrodillo sobre los escombros
acumulados entre los pies de la cama.

La brisa de su aliento se acerca hasta mi oído
y lo penetra susurrando:

"volveré".

LA MASCARA

Hablo de la máscara que intentan hacernos usar cuando recorremos las plazas.

Hablo de ella para que no puedan convencernos de que solamente cubriéndonos la cara podemos mirar dos cuerpos que hacen el amor.

Si insisto en hablar de ella es porque no puedo dejar de seguir ignorándola.

La única máscara que mis manos se arriesgan a acariciar es aquella que buscamos para cubrirnos cuando llega la hora de enfrentar los arrepentimientos, los que se proyectan sobre las paredes de la habitación cuando el cuerpo se niega a la entrega.

UN SUEÑO QUE NO RECORDARE
CUANDO DESPIERTE

Un reloj late sobre mi cabello insistiendo en que aún no debo despertar.

Voces de ausencias opacadas por el rocío deambulan solitarias por los senderos que traza la luz de la mañana.

Las alas de un pájaro quedan atrapadas entre dos de los barrotes de su jaula.

Una voz ignorada crece desplegando la blancura de sus huesos sobre las nuevas siluetas atrapadas por mis sueños.

Viejas formas olvidadas en la memoria de un nombre lejano logran empujar los restos de la noche que aún pesa sobre la arena de mis párpados.

ASEDIO DE LA LUZ

¿Cómo haré para enfrentarme a la luz cuando tenga que abandonar la protección de estas paredes que me cobijan?

El sol ha dejado apostados sus rayos frente a mi puerta ordenándoles que mantengan constante vigilancia.

Se cubren bajo sus mantas tejidas con canciones falsas.

Intentan atraerme para encandilar los frágiles velos que cubren mis ojos.

Buscan seducirme prometiendo darme una nueva garganta para mi garganta.

La luz aguarda en calma porque sabe que pronto la sed terminará por secar mi lengua.

Su elaborada paciencia espera que salga a mendigar cuando no me quede más saliva para pronunciar mi nombre.

Si debe ser así, espero que se cumplan las promesas.

Siempre supe que cuando llegue mi hora moriré con los labios despegados.

DERROTA

El aire
se ahoga en la furia del aletear de una bandada de
pájaros que huye de la tormenta.

El viento
desliza sus manos como dagas filosas y corta los
restos de las palabras que aún perduran.

Una sonrisa
hila los ecos de la próxima catástrofe que se avecina
envuelta en tejidos milenarios.

Los últimos fuegos
que aún ardían en sus lejanos escondites, huyen
convirtiéndose en cenizas.

EL CIRCO

Un circo de payasos oxidados desfila a lo largo de las avenidas del abandono.

A su paso se derriten los barrotes de las prisiones y una vez más vuelven a ser simples minerales.

La orquesta toca marchas descoloridas que aburren el agotado andar de las horas.

Una nube de recuerdos espía escondida entre los retazos azules del cielo.

Los tormentos extienden la alfombra que fueron tejiendo a lo largo de los siglos.

El equilibrista ríe mientras camina sobre los cables de teléfono.

La ecuyere danza sobre el lomo de un elefante que aplasta los días que se atreven a cruzar por su camino.

Los payasos pintan lágrimas sobre las mejillas de cada ojo que asiste al espectáculo.

El tronco seco de un árbol huye para confundirse entre las astillas de una selva de vidrios.

Los malabaristas lanzan sus clavas al fuego que devora las memorias.

El oso se nutre en el almíbar que fluye de los pezones de una virgen.

La lona de la carpa queda tendida sobre las cabezas rapadas de los involuntarios espectadores.

La audiencia se paraliza escuchando el rugido de los leones hambrientos que han escapado de su jaula.

El trapecio comienza a oscilar sobre los pálidos rostros que miran asombrados.

Todo se oscurece.

Silencio.

Repica un tambor.

Se encienden los reflectores.

Un látigo corta el aire en pedazos.

Comienza la función.

LUGAR PARA EXISTIR

Amo el silencio porque en él existo:

en medio de las lejanas
voces de mis muertos
entre las que no busco más
que el signo indescifrable que me ha tocado ser.

Sólo el silencio vaga
sobre la línea que me une con las voces del pasado.

LUTOS

Silencio ya no podía responder a las preguntas porque había muerto. Espero que todos lo comprendan porque no hay forma de revivirlo. Aunque sé que habrá algunos que opten por sentirse mal.

Silencio y yo compartimos el mismo techo por mucho más tiempo que cualquiera pueda imaginar.

Después de su muerte sólo la puerta de nuestra casa fue adornada con un crespón negro atado al llamador. A pesar de los múltiples comentarios nadie más hizo un gesto por su repentina desaparición.

No recuerdo cuántas invitaciones envié para su funeral, pero nadie vino.

Para que no se sintiera mal, antes de que salieran las carrozas hice cubrir con pétalos y hojas verdes todas las calles que conducen hasta el cementerio.

Al terminar el entierro brindé a solas levantando una copa de champagne para honrar su memoria.

Me hubiera gustado decir una oración frente a su sepultura, pero no fue posible, los silencios solamente sabemos callar.

PENETRACION DE LA MELANCOLIA

Los miembros del silencio fueron penetrados por la
melancolía.

Una serpiente se nutre en las aguas del lago de la
eternidad.

Sobre la luz del cielo se reflejan dos ojos rodeados
de flores que miran sin
comprender.

JOYAS NUEVAS

(a mi padre)

Las formas del silencio se hundieron sobre su garganta.

Una mueca de asombro cubrió sus ojos.

Tiene los pies divorciados del suelo que pisa.

Ahora deja que sus días se acumulen
sobre la monotonía de las flores del balcón
mientras espera que llegue el pasaje
hacia un lugar ignorado
donde diseñará las joyas nuevas
para adornar las manos que ama.

ROBO

Unas manos anónimas se han descolgado entre el hollín de los ladrillos de la chimenea desafiando las brasas que todavía conservaban restos del fuego que había ardido la noche anterior.

Las manos se arrastraron sigilosas y seguras sobre la pelambre de las alfombras hasta llegar al lecho en donde los amantes intentaban mantenerse abrazados a los últimos bordes del sueño.

Haciendo un sigiloso esfuerzo se fueron trepando enlazándose en los pliegues de las sábanas que colgaban rozando el brillo del piso.

Y en medio del revuelo que armaron los silencios, las manos robaron las últimas brisas de los suspiros que aún reposaban sobre los pliegues de las húmedas almohadas.

EL REGRESO DEL SILENCIO OLVIDADO EN EL ALTILLO

Inesperadamente, una mañana Silencio saltó desde una de las ventanas más altas de mi casa. Creo que ya no recuerdo cuánto tiempo hacía que lo había encerrado allí para darle un poco de descanso.

Hasta antes de aquel día cuando lo encerré, habíamos estado muy unidos, tal vez por un período demasiado largo. El se encargaba de hacer todo lo que yo debía hacer: amaba, leía, redactaba mis cartas y nunca las enviaba, lustraba los muebles, pulía las fuentes de plata y tapaba la tierra del jardín para que las flores no pudieran crecer.

Un día se olvidó de cubrir uno de los espejos y entonces mi imagen, al pasar por allí, se vio reflejada como hacía ya mucho tiempo no se veía, y se reconoció. No me acordé de anotar la fecha de cuanto pasó todo aquello.

A partir de entonces todo empezó a cambiar.

Primero hice el intento de conversar para convencerlo de que había llegado la hora de marcharse de mi vida. Su inmediata respuesta a mis explicaciones fue ponerse a llorizquear diciendo entre lágrimas y mocos que no tenía adónde ir.

Cuando insistí en que las cosas debían ser así, se tiró al piso y comenzó a deshilachar las alfombras de mi cuarto.

Algunos días después, mientras estaba con uno de sus frecuentes ataques de furia y obstinación, no se dio cuenta de que yo había puesto en su camino una jaula con la puerta abierta. Después de lograr atraparlo, cerré la puerta, me tapé los oídos con algodón y, sin escuchar sus rezongos, lo lleve al altillo en donde lo dejé encerrado con dos vueltas de llave.

Sigo sin poder recordar cuándo fue exactamente que sucedió todo eso.

¿Quién sabe cuánto hacía que ya ni se me cruzaba por la memoria la idea de que él todavía estaba en el altillo, apenas unos pisos más arriba de mi cuarto?

No puedo llegar a explicarme cómo logró salir de la jaula, abrir las ventanas y saltar al jardín sin hacerse el más mínimo daño. Pero desde la mañana cuando sucedió todo eso, me he tenido que encerrar adentro de la casa luego de tapiar las puertas y las ventanas, porque después de saltar, lo primero que hizo fue cubrir todas mis flores con arena. Después empezó a golpear las paredes dando vueltas sin parar alrededor de la casa, insistiendo en volver a entrar. Pero no, esta vez no se lo voy a permitir, ahora me acostumbré a tener muchas compañías, a ir y venir sin tener que rendirle cuentas, a dormir y a comer solamente en los momentos cuando yo lo decido. Por eso me seguiré quedando aquí adentro, a oscuras y en silencio, sin escuchar la radio ni recibir amigos, hasta que por fin llegue el momento en que termine de convencerse y se decida a buscar otra casa.

RECUERDO DE UN MOMENTO
DE LA INFANCIA

Sentado en la tarde del jardín, contando los pétalos de flores que han muerto muchas muertes, reflejando la sombra que me persigue arrastrándose sobre la tierra fresca, puedo volver a escuchar los ecos de una antigua conversación entre mi infancia y las hormigas:

"Si se comen los frutos de mis plantas terminarán por dejarme muy solo, no tengo más que su compañía."

"Eso no es asunto nuestro", respondieron las hormigas sin desarmar la fila en que marchaban desde su hormiguero hacia mis flores. "Tu destino ha sido escrito hace tiempo, mucho más tiempo del que tú te imaginas, y no fue por nuestras manos", agregó la más gorda. "Lo importante es que a nosotras los frutos de tus plantas nos gustan más que ninguna otra cosa."

"Se los puedo cambiar por cualquier otra comida, no sé, la que me pidan ustedes", les rogué casi llorando.

"No, no seas necio, con esa oferta no lograrás cambiar nada", gritó la gorda mientras se perdía por la boca del hormiguero.

"Les puedo traer lo que me pidan, una jarra de miel, tal vez..." No alcancé a terminar la oferta porque una de ellas me interrumpió sentenciosa:

"Guárdala en alguna alacena donde puedas recordar que la sigues teniendo al alcance de tus manos. Quizás algunas vez pueda servirte para endulzar la amargura del futuro."

Como en tantos otros momentos, dos lágrimas nuevas volvieron a brotar de mis ojos haciendo que una vez más la nítida imagen del recuerdo terminara por borrarse.

CEREMONIA

Los silencios derraman llantos sobre el envoltorio de
mis
llantos de otros tiempos.

Sigilosas siluetas se acercan para presenciar el
ritual de
un nuevo nacimiento.

La luz del cielo cubre los cristales de sus ojos
nuevos con
pesadas nubes grises.

Dos cuervos en celo se hamacan lanzando chillidos
desde la
altura de sus ramas.

También las voces que en los parques hablaban de
pasados se
unen para celebrar la nueva ceremonia.

Los más flamantes colores de la tarde explotan
quebrándose
en los límites de la oscuridad.

Cuando cayeron disueltos los restos de las astillas del último
alarido, las aguas se partieron. Y el ansiado nacimiento no fue más
que una muerte enmascarada que huyó hacia los jardines de la noche que sangraba envuelta en un manto bordado de antiguos arrepentimientos.

FRASE INCONCLUSA

A pesar de toda su fuerza, mi voz se fue hundiendo en el foso del castillo del silencio.

Momentos después la muchedumbre vio la mudez de su grito golpeando contra las rocas grises que habitan la esterilidad del suelo.

Alguien me dijo que antes de que todo sucediese, el público escuchó que la voz hablaba de una luz desconocida.

Nunca supe cuáles fueron sus últimas palabras, o si tenían algún valor.

DESEO

Quiero escuchar algunas voces
que dibujen las formas de otras voces
sobre el más oscuro costado del silencio.

TRES TIEMPOS REFLEXIONADOS
CON NUEVE VOCES

PRIMER TIEMPO

Antes,
la poesía iluminaba la opacidad de mis calles,
y la verdad estaba más alejada del imposible,
pero una vara atravesó mi costado
y la sangre comenzó a correr
hasta formar este pequeño arroyo que se aleja de mí.

1ª Reflexión

Leo
las deformidades que se cuelan entre mis letras
sentado sobre el filo de una tecla.

2ª Reflexión

Busco
la verdad que se esconde más allá de los márgenes
ahogado en la pólvora de un verbo.

3ª Reflexión

Desdeño
la frivolidad que adorna la sustancia de los versos
agonizando sobre un charco de tinta.

SEGUNDO TIEMPO

Ahora
que he atravesado uno a uno los reflejos del poema,
sé que todavía no he logrado detener la sangre
que no cesa de manar de mi costado,
y he descubierto que no conozco
sobre qué lugares se derrama.

4ª Reflexión

Letras:
oscuras cavernas que encierran
la codiciada forma de la demencia.

5ª Reflexión

Palabras:
túneles donde la razón
es carcomida por los insectos.

6ª Reflexión

Renglones:
estepas sobre las que se extienden
los caminos truncos de la palabra.

TERCER TIEMPO

Después,
lanzaré palabras nuevas sobre todos mis muertos,
voces que aún no he oído nunca y que me esperan
atragantándose sobre el oscuro costado
herido por el que fluye mi sangre
para derramarse sobre la noche del mundo.

7ª Reflexión

Quiero
entrar a la antesala del suicidio
tan desnudo como cuando emprendí el camino.

8ª Reflexión

Necesito
dejar atrás cada palabra dicha
para nunca volver a escribirla sobre las paredes
que me tientan.

9ª Reflexión

Ayúdenme
a encontrar la mano que me indique
la ruta que me conducirá a los huecos del silencio.

COMPAÑIA DE VIAJES

Aunque los oráculos predigan que nunca lograré
existir más allá de los bordes de mí mismo,
sé que existo en algún rincón donde la oscuridad
acumula la razón de sus ideas.

A pesar de que los hombres traten de decirme que es
imposible continuar el crecimiento a fuerza de
rugidos,
nunca intentaré abandonar mis maletas antes de
estar convencido que es la hora de decidir que ha
llegado el fin del viaje.

DELIRIO PERDIDO

Un poema se ha llevado
aquellas luces que iluminaban la noche,
aquellas líneas que recorrían los ojos,
aquel romance que se desplegaba sobre las alas
del delirio,

nuestro delirio,

tu delirio,

mi delirio,

el delirio que nos unía,

el mismo delirio
que hoy se refugia entre los ecos sin respuesta que
rebotan sobre la corteza de los árboles de mi piel.

TRIUNFO

El viento clava puñales en la espalda de la honra.

No quedan rastros de las cópulas sinceras.

Bajo el gris de la llovizna
mis ojos se nublan de funerales.

Me convulsiono ante la cercanía de una
mano desconocida que se atreve a codiciar mi mano.

Mi piel estalla en diminutas partículas.

Una voz perdida desgrana nuevas herejías.

Los pensamientos se aferran al pánico que le sigue al
mareo de los momentos de gloria.

Sólo lo que resta de los restos de mi cuerpo está
al alcance del deseo de mis dedos.

Sé que mis sueños han encallado
al otro lado del espejo.

¿Dónde ha quedado la libertad?

SALVACION DE LAS PALABRAS

Las palabras incompletas se retuercen
ante la súbita fuga de unas letras
abandonadas por las páginas
enceguecidas con el brillo de las trampas del placer.

Si nadie se arriesga a salvarlas
terminarán siendo devoradas por la ira del mar
y el frío de las hojas en blanco
jamás llegará a extraer lo que encierra en sus entrañas.

ELEMENTOS DE CONCIENCIA ALTERADA

Sucedió en otros días que hoy yacen sobre las más remotas capas del cielo.

Yo y mis otros yos nos confundimos con el resplandor que emana del goce de la duda, y aún no hemos logrado desenredarnos del complicado ovillo que formamos.

Pero hoy que soy libre porque he logrado desunir la amalgama de mis seres, me dejo acunar entre los brazos nostálgicos de los días en los que no conocía más que la simple confusión. En medio de ella únicamente podía sentirme humillado.

ADOLESCENCIA

Sólo una máscara de máscaras sobre los rasgos que usaba para cubrir el rostro de mis rostros.

Nada más que capas de mentiras superpuestas habitaban el temor de mis ocasos silenciosos.

El ardor de los deseos se nutría en las pupilas de la mirada que casi siempre insistía en traicionarme.

Las dislocadas ansias del violento roce de una mano aspera se ahogaban en charcos de palabras sin sentido.

El diario pecado de las madrugadas se humillaba

entre sábanas
humedecidas por las manchas de la acostumbrada

vergüenza.

PRIMERA PREGUNTA

Un poema soñado en la mañana al que nadie ha escrito sobre
una hoja de papel.
Las palabras que encierran palabras dichas con la
magia de los dedos.
Cuatro letras brillantes que esperan que su soledad
sea penetrada por el misterio de la luz.
Los tonos de una voz que imita la sucesión de
sonidos que escapan del agua.

¿Cómo será el futuro de un suicida?

SEGUNDA PREGUNTA

El aroma de las flores que se pudren sobre
una tumba.
Los signos que necesitamos conocer para poder descifrar
un mensaje.
Las lluvias que por la noche bañan los mármoles de
los cementerios.
La tristeza de los cantos abandonados sobre el frío de
las lápidas.
Una oración tardía que algunos rezan para salvarse
del infierno.
La culpa de dos zapatos enterrados en la inocencia
del barro.
El silbido deslizado entredientes sobre el filo
de una pala.
La punta de la piqueta que quiebra la piel
de la tierra.
Un pájaro sin rumbo que se posa sobre la palidez
de una cruz.

¿Cuáles serán las señales con las que el destino
anuncia la cercanía de la muerte?

TERCERA PREGUNTA

El poema
nunca escrito que describe el primer llanto.
La luz
poderosa que ilumina una sala de partos.
Guantes blancos
que forcejean luchando contra un terremoto interior.
Un trozo
de placer que surge furioso y cubierto de sangre.
La tortura
de tener que abrir los ojos por la primera vez.
El pezón
cargado de una teta lista a nutrir.
La repetición
de la experiencia de no poder elegir.

¿Habrá otras muertes después de asesinar a la vida?

INCOMUNICADO

Las señales ocultas entre los pliegues de la piel crecen
con la cercanía de las horas oscuras.

Incomunicado,
ahuyentando los ecos de las vergüenza
arrepentida de los seres que me rodean.

Incomunicado,
sin saber hacia adónde han ido las palabras que poblaban
las turbulencia de mis sueños.

Incomunicado,
atrapado en la madeja de canciones que arrullan los vacíos
en la aridez del desierto.

Incomunicado,
esperando la llegada de un sonido furioso que desempolve
las teclas del piano.

Incomunicado,
a pesar del perfume que puedan derramar los crímenes
de las palabras nunca dichas.

Las señales ocultas entre los pliegues de la piel
sólo alcanzan a morir
cuando la voz termina por develar
los misterios que encierra la luz.

POEMA OLVIDADO POR LOS AÑOS

Tal vez sean solamente las más simples y mínimas
señales que rodean la existencia.
Quizás equivalgan a las mayores torturas descriptas
por esta combinación que emana de los dedos
y de las palabras que ellos dejan escapar.

Los filos de las agujas del reloj se clavan cerrando
el paso de las horas que lloran sobre la distancia.
A pesar del polvo acumulado nada se mueve sobre
los planos de la esfera.

Las botas del invierno comienzan su tarea de cabalgar
sobre la espalda tersa del aburrimiento.
Entre las rendijas que separan el andar de los minutos
los segundos intentan correr sin esperanza.

No quiero tener que inventar las palabras mágicas para
destrabar el tiempo.
Mi momento ya ha pasado y esto no es más que una pobre
imitación del destino.

Un segundo antes comprendí que mi sangre se mezcló
con los jugos que derrama la razón.
La demencia que irradiaban mis ojos se ha refugiado
entre los rítmicos latidos de la lengua.

Nada ha quedado en pie alrededor de los árboles de mi
bosque.
Mi voz se apaga justo cuando alcanza los márgenes de
las palabras del poema que mis años olvidaron.

Tal vez no sea nada más que un truco que se esconde
entre mis más oscuros sueños.

LOS ESQUELETOS DEL SILENCIO

Restos.
Todo lo que queda son restos.

Donde hubo amor,
sólo hay restos de semen,

donde hubo un beso,
está flotando la espuma de un escupitajo,

donde hubo deseo,
vuelan cenizas esparciéndose sobre la nada,

donde hubo un poema,
no hay nada más que letras que perdieron el rumbo,

donde hubo palabras,
los grises esqueletos del silencio
construyeron murallas para no ser molestados por
la brisa que levantan los suspiros.

EL PUNTO MEDIO DE LA LINEA

Sobre la distancia
que media entre mis manos y
esta tormenta que me arrastra
hacia el fondo de la luz
se despliegan los llamados de las voces del silencio.

¿Por qué debo enfrentar mis ojos al brillo de
las luces de la nada?

Mi piel se abandona al parto
como lo hacen las madres prematuras,
y los ecos que escapan de mi nombre
se desligan de los trazos del recuerdo.

¿Cómo podré levantarme si estoy hundido bajo
este peso de lunas que crece arriba de mi espalda?

Cavo túneles
para hundirme en las entrañas de la tierra,
y en mi camino voy abriéndome paso
entre los restos de los que alguna vez cantaron.

¿Dónde terminan las señales que marcan
el amargo sabor de mis derrotas?

Me nutro con los jugos de las raíces que penetran por la
tierra
y acumulo las pequeñas victorias entre la yema de mis dedos.

¿Junto a qué rocas habrá de naufragar
el velero que recorre el torrente de mi sangre?

Hablo las palabras
que iluminan la noche de los ciegos,
las que esconden su luz bajo
una máscara.

¿Por qué será que mis pies no pueden agonizar en
las caricias que traen las memorias?

Canto las canciones que acunan las letras de mi antigua
soledad.
Busco impotente la primera respuesta al principio de los
tiempos.

¿Qué destino han escrito los dioses en los bordes del
revés de mi alma?

Todo es uno.
Lejos de las teorías y de los conceptos
hay nuevas muertes que se ocultan
detrás de la muerte,
y cada vida que se vive
deja sus rutas grabadas en las piedras.

¿Quién será el elegido que finalmente logrará
responder el corazón de las preguntas?

Un mundo no es más que el recuerdo de un sueño
encerrado dentro de la pesadilla
de aquellos pocos que lo sueñan,
sobre el resto, sólo se despliega la raya
que forman los puntos de la línea siempre
cruzando desde el principio al fin.

Todos tenemos una herida que sangra bajo las costillas.

RECONOCIMIENTO DEL TERRITORIO
QUE CUBRE LA PIEL QUE ME RODEA

Mi estatura ha penetrado cada palmo de mi piel
con la misma fuerza que una noche de asombros.

Sobre ella se arrastran siglos
de ignorancia atesorada
que únicamente se desnuda ante la soledad de las palabras.

Ha sido martirizada por la sorpresa
y también por algunos tormentos
que vanamente intenta olvidar.

Aunque no me sirve estoy obligado a conservar
esta caparazón que regula mis movimientos
porque será el único sudario que me envuelva
cuando llegue la muerte.

Adentro de ella se mueven las palabras
que creen componer las partes de mi yo.
En el afán de abandonarla
llego hasta el más lejano de los pensamientos,
pero me la han cosido con hilos de acero
y no hay abismo frente al que pueda lanzarla
para dejar el misterio al descubierto.
Me ahogo en la trampa de esta tela que aleja a mi ser
de sus orígenes,
que me divide,
que me lanza al infierno de los interrogantes
donde crepitan las más solitarias llamas de la razón.

Insiste en ser la conjunción del todo,
pero su esencia divaga
entre la fuerza del león y la constancia de la hormiga.
Y mi carne sigue ignorando el curso de mis
huesos.

Quien apueste a mi envoltorio
será premiado con
la humillación de la pérdida,
los tableros donde la impotencia del tiempo es reina.

¿Hay alguien que se anime a hacer la apuesta?

Su color se extiende más allá de los signos,
el hermetismo en donde bailan sus redes sacudidas por el
viento de la soberbia,

la representación de una paz que simula eternos rituales
ejecutados a mi alrededor,
la duplicación de los reyes que proyectan sus siluetas
sobre el blanco de las hojas,
el roce de una brisa que emula a los rayos de luna
se encubre en las sombras de unas alas de murciélago.

¿Cuál es la verdad más profunda de su fin?

¿En qué paraíso me tomaron prisionero para encerrarme
dentro de este calabozo de paredes que sudan soledades?

Esta piel es simplemente la incógnita que me separa
de las palabras que nadie se animará a pronunciar.

LOS OJOS

Son las tumbas donde se ahoga la luz de las
estrellas
cuando las pupilas predican sermones plagados de
herejías.
Oscilan temerosos entre el filo del misterio y las
sorpresas,
y al fin se archivan en el oxidado cofre de la
memoria.
El repetido color de las mañanas
inunda
las pestañas con la fuerza brutal de los
recuerdos.
Sus exilios diluyen los colores atrapados en el
pasado
intentando transformar en oro la efímera visión de los
paisajes.
No conocen a Lázaro pues ignoran los
Ojos
sobre los que se reflejó la nueva vida de su
cuerpo.
Son los dueños de las fuerzas que delatan los recursos del
sentimiento
cuando el ala de un pájaro intenta levantar el vuelo en
falso.
Sufren la condena de ser los mensajeros de los tesoros
soñados,
aunque saben que son los prisioneros del
rostro.
Se jactan porque filtran la división y la reunión del
todo,
el balance que al final arroja los más inesperados
saldos.
Han hecho una sólida alianza con la separación y el
desencuentro
para poder suicidarse en la ira letal que envuelve al
arrepentimiento.

EN EL AGUJERO DE ESTE LARGO SILENCIO

En el agujero de este largo silencio
la repetición de la pesadilla adolescente de la vida
ya no tiene el valor de la palabra.
La letra se escapa del poder de los dedos
abortando un poema entre alfabetos dispersos,
el aullido de la razón ignora los motivos
que se repiten en la hora del parto
de un vocablo negado
en los límites del llanto.
Las letras
no son el compás del amor,
la debilidad de sus cadenas
es el simple relleno del vacío.
No hay esperanza
en la sucesión de promesas
reflejadas en la superficie de la mentira,
y lo que queda atrás de la decepción
son los verbos solitarios
que hacen palidecer el color de las acciones.

En el agujero de este largo silencio
pienso en cascadas
y la memoria de la sed
atraviesa mi garganta.

En el agujero de este largo silencio
sueño con trigales
y la memoria del hambre
araña las paredes de mi estómago.

En el agujero de este largo silencio
se estrellan las voces que nunca pronuncio,
las mismas que se ocultan
detrás del lado oscuro del espíritu
cuando el pensamiento se aferra a la mente
y el alma deambula por la sangre.

¿Quién es el verdadero autor de las catástrofes?

CASI NUEVE RECUERDOS DEL COLOR
DE MIS AÑOS FRESCOS
Y UNA CONCLUSION TRANSITORIA

Primer recuerdo:

Esta es una pregunta que nunca he logrado olvidar de repetirme:
¿Cuál será la distancia que me separa de todos mis recuerdos?

Segundo recuerdo:

Los colores que adornaban mis años más frescos han huido del
imán de la memoria y se perdieron bajo las agonizantes luces del
horizonte.

Más allá de lo que puedan ver mis ojos, siento que los colores
quedan atrapados entre unos labios que esperaban la oportunidad de
nutrirse con pasados nuevos.

Tercer recuerdo:

Mis destinos olvidados peregrinaban por los más ignorados
senderos para encontrarse con los tonos de las últimas llamas que
ardían después de los bombardeos.

Pero fueron heridos en el ángulo del hombro izquierdo por una
bala sin rumbo ni dueño.

Cuarto recuerdo:

Antes todo fue igual que ahora; la soledad era el destino de los
olvidos. Pero entonces sólo se expandía para generar el color de
nuevas sangres.

Hoy las palabras vibran desconectadas de la rutina y ambas tienen el poder de cambiar su curso cuando nadie lo espera. Aunque
las afiladas piedras de sus caminos nunca lograron cruzarse.

Quinto recuerdo:

Sólo podría recordarlo si mis angustias fuesen suficientes para pulir palabras sobre las lápidas de las tumbas en las que jamás han llovido flores.

Los únicos lujos que inventa mi apariencia son estos repetidos funerales con los que me visto a diario.

Sexto recuerdo:

Cuando quiero evocar este recuerdo siento que los vientos de la soledad vierten sus letras sobre mis silencios y ahogan en sus vientres las formas de mis palabras. Sus ansias me acosan con preguntas buscando conocer si aún cargo el mismo peso de los sentimientos que entonces me inundaban.

Séptimo recuerdo:

Sé que por motivos secretos que custodian los antiguos magos de la oscuridad existo en su interior.

La culpa nunca me ha permitido alejarme de mis muertos.

Los recuerdos de mis muertos aún no han dejado de rogar para que las palabras que he perdido regresen a mi boca.

Octavo recuerdo:

Nada ha cambiado.
Yo sólo canto.
Canto aunque la voz se niege a cooperar.
Canto aunque los ojos se me cierren.
Pero canto.
A pesar de las cruces volteadas y de las estrellas que
no parpadean, igual que en aquellos días canto los
silencios de un dolor ciego que sigue creciendo sin
conseguir determinar su rumbo.

Noveno recuerdo:

Este es el recuerdo que me arrebataron en una lejana tarde de junio.

Nunca lo he podido recuperar porque unas manos anónimas lo dejaron amortajado entre metáforas traicioneras que transpiran versos artificiosos.

Por eso es que dejo que mis miedos se mezclen con las raíces atrapadas en la tierra fértil que me cubre.

Conclusión transitoria:

Es tan grande el tamaño de la ausencia que me separa del mundo del color de mis años frescos, que a veces invento suicidios para seguir respirando.

SOMBRA

Soy el más simple de los herederos de la muerte.

Mis manos desnudas arrastran hebras invisibles
que alguna vez robé de la cabellera del viento
y las arrojan más allá de la estela
que dejan los suspiros que escapan de la noche.

En los vacíos de las cuencas de mis ojos
se acumulan las formas de las lágrimas
derramadas por los dulces pájaros del sueño
que precede a las pesadillas vagabundas.

Me siento en los umbrales del olvido para esperar
la llegada de los muñecos de cabezas dislocadas
que lavan los rastros de pasos estampados
en las floridas rutas de los más concurridos funerales.

Por las tardes devoro palabras alucinadas
por el magnífico brillo de la metáfora,
y las transformo en poemas
que inscribo sobre lápidas.

JUSTIFICACION DEL EJERCICIO DE LA ESCRITURA

Escribo

porque
el negro de las letras me hace olvidar que la sed es
mi condena,

porque
debo encontrar un alivio para las pesadillas que no
me abandonan,

porque
no puedo escapar del destino de amar el misterio de
las incógnitas,

porque
nunca me avergüenzo de no ser más que una ofrenda del
demonio,

porque
mi conciencia insiste en lamentar las rutas que no he
transitado,

porque
me condenaron a recordar signos grabados en paredes
agrietadas,

porque
en mi memoria conservo criaturas que siguen esperando
justicia,

porque
soy un cuerpo más que flota en las aguas de un mar de
cuerpos,

porque
mis ojos no ven más que estrellas escondidas en las
nubes,

porque
necesito desnudar cada pétalo de esta inocencia que
niego.

INVENTARIO INCOMPLETO

Espacios azules
hamacándose en silencios que flotan.

Soledades profundas
confundidas con las sombras de las sombras.

Parábolas olvidadas
sobre el trazo de una herida que no acaba de
cicatrizar.

Es todo
lo que alcanzo a rescatar de los días que rehusan
alinearse.

BUSQUEDA DE UNO DE LOS ELEMENTOS
EXTRAVIADOS DEL INVENTARIO

Debo abrir mis manos y dejar que escapen los
pájaros
que guardo entre las huellas de los signos del
destino.

Creo en el asombro de mi boca
al estamparse sobre otras bocas.

Atrapo en la luz de mis pupilas
todas las siluetas que esperan sobre andenes.

Dejo en libertad a mi corazón
para que llore silencios cuando cae la tarde.

Y algunas veces rescato palabras lejanas
que fueron secuestradas por labios elegantes.

¿En cuál de todos mis caminos habré abandonado
los sonidos de cada una de mis tantas ausencias?

VINO Y ARSENICO

Sobre las paredes del cuarto se despliegan las hojas de mi tiempo.

Sus venas son el mapa de las rutas que mis pies nunca lograron recorrer.

Alguien las ha trazado con tinta exprimida de las sangres de mis muertos.

La luz de una vela deforma los senderos que fluyen desde el fondo más remoto de mis días.

Mis párpados caen cubriéndome los ojos como si fueran las alas de ese pájaro negro que me llama desde el otro lado de los cristales.

La mesa se mancha con el rodar de la última gota del vaso en el que antes de escribir estas líneas finales mis dedos temerosos mezclaron vino con arsénico.

ROSTROS DE MEDIANOCHE

Cuando el brillo de la luna ilumina mi cabeza
me desnudo para recibir la visita de memorias del
pasado.

Rostros únicos capaces de perdonar mis
culpas,
voces dulces que sin furia me lavan los
silencios,
espejos enmarcados que sólo reflejan las siluetas de
los arrepentimientos.

Me siento entre ellos cobijado en la sombra del árbol
de la espera
para que me hablen del destino de cada vida vivida
por mi vida.

TRES POEMAS PARA AHUYENTAR AL RECUERDO DE LA ROBADORA DE VERSOS

TRAICIONES DE LA ROBADORA DE VERSOS

Fornica con la traición
sobre una mancha del mar,
y lanza sus dorados arpones
para atrapar nuevas felicidades
que intentan treparse a las olas.

Una nave arroja los hilos de su red
acompasada por las cuerdas grises
de una guitarra de esperanzas
que bordonea sobre el recuerdo
de hembras de humo robadas
de las hogueras de la locura.

Crece en su telaraña de mentiras
escupiendo odas desde sus dedos de fuego
con las que incendia la pureza
de todos los pañuelos blancos
que logra engañar con sus lamentos.

Los marinos trabajan sin descanso
hincados sobre el color de sus palabras
ignorando que al fin de la jornada,
las siete serpientes que habitan
el corazón de la robadora de versos
clavarán la traición en sus gargantas.

LOS CANTEROS ESTERILES
DE LA ROBADORA DE VERSOS

Dijiste que cantabas,
pero la metralleta a sueldo de tu voz
sólo
arrastra los sonidos de los puñales que clavas.

Dijiste que amabas,
pero el estrecho triángulo de tu corazón
sólo
tiene lugar para albergar el frío de las piedras.

Así,
como Judas escucha sus monedas.
Así,
como te acunas en los versos que robas.

Lloras,
desconocido dolor de madre muerta
sin respetar
a los fantasmas desolados que partieron.

Gritas,
para cubrir el anónimo silencio al que condenas
las voces
de los que la vergüenza de tu mentira callan.

Robas,
porque sabes que en el jardín de tu garganta
sólo
tienes estériles canteros
donde florecen nada más que las espinas del silencio.

JUICIO A LA ROBADORA DE VERSOS

Cuando las sombras declaren la llegada de la hora,
los hilos que manejan tu conciencia
serán los jueces que condenen
la oscuridad que cubre
los pecados de las líneas de tus dedos.

Remolinos de viento habitarán en tus perdones
cuando por fin te dejen sola,
desnuda como siempre,
para mirar de frente a tu bolsa de pecados,
la misma que corroe tus silencios.

CHARLA CON LA TRAICION
EN LA GRAN SALA

En la gran sala de la antigua mansión, bajo la vigilante mirada de los retratos de los antepasados, la traición, con su cuerpo único coronado por dos cabezas, y yo, mantuvimos una charla breve.

"Hemos venido a traicionarte una vez más", dijeron las dos bocas de la traición intentando imitar las formas de una sincera sonrisa, "afuera están nuestras huestes esperando junto a la carroza", agregaron mirando distraídas. Me acerqué a la ventana esperando encontrarlas con sus narices aplastadas contra los cristales, pero sólo vi la calle que estaba tan vacía como siempre lo está a la hora de la siesta.

"¿Por qué mienten? Afuera no hay más que lo que hay todos los días", dije mirándolas de frente y sin dejarles ver los rastros de mis miedos.

"No te atrevas a llamarnos mentirosas. Si osas hacerlo nuevamente, te traicionaremos peor que antes", dijeron las traiciones levantando su cuerpo único de golpe.

"Simplemente repito lo que no han visto mis ojos", atiné a responder no sin antes lanzar otra ojeada discreta sobre la calle desierta asegurándome una vez más de que, efectivamente, mentían.

Ellas mantuvieron sus sonrisas flotando, haciéndolas aletear sobre sus labios. Se pararon sin sostenerse del brazo de la silla, y fueron hacia la puerta de salida. Detuvieron su mano como congelando el aire que rodeaba al picaporte. Lentamente volvieron las cabezas sobre sus hombros. Me miraron una vez más con las bocas estiradas hacia un costado, y salieron dando un golpe tan fuerte que los retratos de mis antepasados cayeron con violencia sobre el piso.

Los vidrios astillados se clavaron rasgando las telas de los cuadros que enseguida comenzaron a sangrar sobre las alfombras.

En la calle sólo se veía a la gente que ya empezaba a despertar después de la siesta.

BRILLOS EFIMEROS

i

Siempre respiro el aire que los demás dejan abandonado después que las voces rubias los convencen de sus encubiertas impurezas.

ii

Espero que los antiguos ecos de la voz se esfumen para poder terminar con esta farsa que me hunde en la oscuridad del silencio.

iii

Cuando escucho que alguien pronuncia dulcemente las sílabas que aún forman mi nombre, logro reconciliarme con la paz de los tiempos más lejanos.

iv

Sentado en esta esquina del mundo me repito que seré feliz sólo cuando regresen las letras.

v

El error lo cometí solo, sin nadie que tendiese su mano para que hoy pudiera compartir mi culpa.

Ninguno acudió a mi llamado al pedir que me incitaran a cerrar los ojos cuando la miel de las falsas promesas se acercaba.

vi

Pero no pude contener los saltos de mis gritos cuando supe que colgaban medallas sobre un pecho ajeno que lucía entre sus dedos el color de mis palabras.

vii

No tengo miedo.
Desde los balcones me arrojan panfletos que me acusan de haber gritado la verdad demasiado fuerte.
Aún así sigo sin tener miedo.

viii

Se niegan a aceptar que el precio de mi pecado no equivale más que a lanzar palabras huecas al vacío.
Y tampoco el vacío me provoca el miedo.

ix

En las horas de mi espera he abandonado hasta los más ruidosos senderos de la noche.

x

La bruma de este largo día hace que el sentimiento de morir se arraigue con más fuerza a la triste blancura de mis páginas.

Las teclas vomitan pasados que las manos imploran ahuyentar, pero ellas se niegan a no enfrentarlos con la palabra. La obsesión del cambiador no deja de triturar cráneos congelados que gotean sus restos de memoria sobre el piso.

Entre los más profundos tejidos que labran las agujas de mis silencios conservo una red de palabras blancas que han prometido no abandonarme jamás, ni siquiera cuando llegue el día en que esté absolutamente muerto.

¿Cómo encontrar las palabras que sirvan para recobrar la fe y creer que no me engañan?

¿Quién puede devolverme la cabeza coronada de un Dios envuelta en terciopelo?

A veces,
entre las fibras de la soledad que me rodea, se filtran voces que me cuentan historias de seres que han robado las letras que armé cuando aún tenía el poder de la paciencia.
Prefiero no alcanzar a confirmarlas.

Dejen que mis dedos sigan jugando a la inocencia.

Desde que me condené al destino de esta luz que me encandila no he podido encontrar la paz que me permita mirar más allá de lo que pueden ver mis ojos.

El cielo está plagado de nubes ciegas que en su extrema vanidad se estrellan sin jamás producir una gota de lluvia que alimente una semilla.

Me aferré de una mano segura que venía desde la ciudad que tiembla cuando se quiebran las entrañas de la tierra.

Sus uñas explotaban lanzando seductoras inocencias que creí poder compartir con ella.

Pero la mano decidió que valía más un instante de traición incierta que una eternidad de verbo y vino, y huyó robándome las letras que aún cargaba en el fondo del bolsillo.

Aún así, sigo creyendo en el mágico poder de los gritos lanzados a la luna,
en las madrugadas de alcohol cuando ladro a las estrellas,
en los reflejos que surgen de las aguas más oscuras sobre las que mi rostro se refleja.

El ayer siempre trae un mañana apretado entre el filo de sus dientes.

Descanso sobre las ondas del odio que crece de la paz de los perdones.

Me abrigo en el calor que me brindan estos muros carcomidos por el hambre del invierno.

Todavía no he logrado empezar a contar el paso violento de los años.

Nunca dejo de esperar que alguna tarde el viento traiga las respuestas que hace tanto tiempo busco y que aún no encuentro.

¿Cuántas serán las manos que tantas veces me han vendido fascinadas por el brillo plateado de algunas efímeras monedas?

NOCHE SIN CANTO DE PAJAROS POSADOS SOBRE RAMAS OBSCENAS

i

Sé que más allá de mis ventanas, algunas noches hay pájaros posados sobre ramas obscenas que con su canto blanco detienen el apuro de mis pasos.

Sobre las hojas húmedas se deslizan excitados los desnudos rayos que bajan desde el brillo de la luna.

Desde una alta torre un reloj muerto vomita incontables campanadas que transforman los minutos en esferas metálicas.

ii

Los precipicios se hunden más allá del poder de los ojos porque tienen vergüenza de mostrar lo que encierran en sus entrañas.

Un coro de bufones decorados con cascabeles forman una ronda y danzan atrapando el contorno del bosque.

Mi lengua se ha secado de tanto añorar la humedad de las palabras viejas. Las paredes de mi estómago jamás han logrado saciar el hambre que lo ahoga.

iii

He descubierto que en mi camino no hay puertas en las que pueda golpear para mendigar una posada.

Abandoné el sabor de la esperanza sobre el hueco que dejó la ráfaga de discursos que una mañana sacudió los nidos en donde los pájaros empollaban sus huevos.

¿Adónde habrá quedado aquella cara que antes de llorar lanzaba una sonrisa misteriosa?

Pudiese haber sido un huérfano abandonado en la puerta de un convento,

quizás un gran señor que mira al mundo desde las más altas torres de un palacio,

o al menos un sabio que por las tardes se pierde en medio de barricadas de libros apilados sobre las mesas de polvorientas bibliotecas,

tal vez un gran silencio azul flotando entre el frío de las rugosas paredes de una caverna oscura,

pero el destino me ha obligado a ser nada más que el vigilante testigo que observa la marcha de las cuidades enanas,

el que anota y describe el sonido producido por los pasos de los hombres que marchan sobre las nubes buscando el nacimiento del arco iris.

v

Sólo quiero que me dejen descansar junto a una arboleda, en una tumba cubierta por la hierba que rodee una gastada lápida de mármol.

Cuando llegue el tiempo de desligarme de los días y pueda empezar a descansar, espero poder descubrir las muertes de la muerte después de que haya logrado dormir el primero de mis sueños bajo el peso de tres metros de tierra oscura y húmeda.

Aún hoy los teclados se siguen aferrando al borde de mis manos, y el alboroto de mis letras insiste en no dejar de escaparse de mis dedos.

vi

Sobre mí sólo están los techos de los cielos, y el gris de la niebla que sofoca los ventanales de los acuarios.

Más allá de mis manos no quedan más que ciudades de esmeraldas deambulando como esas sombras que jamás pueden encontrar un lugar solitario sobre el que puedan posar sus reflejos.

¿Dónde estaría hoy si mis pies se hubiesen animado a dar todos los pasos que mi cautela me impidió dar?

Cuando el destino se descuida, abandono mi puesto y vago sin rumbo por los campos peinando la cresta de los más maduros trigales.

Las estrellas de la tarde vigilan cada uno de mis pasos, y los rayos del sol insisten en aferrarse a mi cintura.

¿Los pasajes ocultos de la oscuridad, las lenguas de fuego del silencio?

Sí, esos son los únicos lugares en donde habita el corazón seco de mis lunas.

Cuando estaba solo dibujaba triángulos brillantes sobre el revés del aire.

Ahora que el destino es mi único dueño, he abandonado todas las pequeñas cosas a las que llamaba "mi propiedad", salvo una:

todavía continúo siendo él, el poseedor de los últimos colores del más íntimo de mis silencios.

¿Por qué será que esta noche los pájaros no cantan sobre las ramas obscenas?

ACCIDENTAL PERDIDA DE LA NOCHE

Nunca llegué a saber con exactitud quién fue que intentó penetrar el horizonte. Un destino furioso apretó las manos de un ser anónimo hasta que el dolor llegó a apoderarse de sus huesos. Mantuvieron una larga lucha enlazados en el abrazo de una danza mecánica.

Cuando por fin se oscureció el ocaso, fueron abandonados por sus fuerzas guerreras y tropezaron exhaustos sobre la ciega mirada del cielo. Ninguno de los dos imaginaba que a cierta distancia los observaban las legiones de rumores más impacientes de la madrugada.

Ni el ser anónimo ni el destino furioso lograron salir cubiertos de gloria después del tremendo forcejeo. El único a quien la casualidad terminó adjudicándole un triunfo fue al día.

Cuando los combatientes se desvanecieron, nada más que por un simple accidente empujaron con ellos a la noche hacia un sitio que nadie conoce.

Desde entonces, a pesar de que todos hemos intentado diferentes métodos de búsqueda, ya nunca ha vuelto a oscurecer.

DESPEDIDAS PARA ANTES DE EMPRENDER
EL ULTIMO VIAJE

Le diré adiós al niño
que hace mucho tiempo sustituí por el adolescente que nunca quise
dejar de ser y que me seguirá acompañando a través de cada uno de
los caminos del misterio.

A mi gato,
que entre todos los fieles que se animaron a acercarse ha sido el más
fiel.

A la hermana
que me ha dado el Sol, y todas las brasas de fuego que colorean mis
veranos.

A mi otra hermana
que endereza las letras torcidas y los acentos caídos de mi jardín.

Al hermano
que después de muchos años liberó la música de su garganta cuando
las palabras necias terminaron de agotar los silencios.

A todos
los pobres y a los ricos que creyeron encontrar alguna paz o retazos
de nuevos caminos a través de mis palabras.

A las noches
que estuvieron plagadas de todas las metáforas con las que fui ar-
mando mis más secretos lenguajes.

A ese viejo
que nunca dejé que me invada y que me seguiré negando a ser.

A las muchas
venganzas que juré llevar a cabo y que solamente fui posponiendo
para satisfacer pedidos.

A la suerte,
que me habrá otorgado el don de partir después de haber completa-
do la última de las obligaciones que tenía en la lista.

Al amor,
que lo pude compartir en la misma forma que tenía cuando solamente lo soñaba.

A la ternura,
que logró salvarme de las ruinas de un presente sin otra salida que
la muerte.

A este último sueño
que nunca podré contarles a los que quedan para conservar algunos
de los momentos que he vivido.

Y también
al precio que he pagado para lograr acariciar la suave blancura de
esta luz que me llama.

MEDIODIA

No recuerdo cuántas veces mis manos acariciaron el momento sobre el que se besan la noche y la mañana.

El día era aún fresco y la ciudad colgaba de los más delicados hilos del misterio. El neón iba muriendo ante la insolente estampida de los rayos de sol. Para algunos eternos distraídos la noche continuaba siendo tan noche como siempre. Mis pies se arrastraban sobre la tibieza de otros pasos olvidados, las ventanas me juzgaban y los pájaros flotaban sobre un silencio de cristal.

No pude dejarme invadir por la sorpresa cuando caminando por las veredas que brillaban de humedad y de aceitosos arco iris, uno de los últimos faroles que aún quedaban encendidos se atrevió a pronunciar mi nombre.

Poseído por una alegría que ya no recordaba poder alcanzar, huí hacia los parques en donde había descubierto la única estatua que honra la memoria del día. Cuando estuve a pocos pasos de su frío pedestal tuve que sacudir el hielo de mis manos para poder apartar los velos de bruma con los que cubría sus pudores.

A lo lejos, el gallo cantaba su tercera canción de la mañana. Sus notas más agudas se iban deslizando sobre las torres más altas del olvido y saltaban desde las cúpulas que ocultaban el perdón de las traiciones.

Los mármoles se agitaron sobre las olas de un mar de pasto. Yo corrí sin aliento sorteando los filos de las piedras para perseguir una ilusión que se había escapado de mis sueños.

Más allá de la boca de los ríos, la estatua del día cayó sobre mí, empujándome al fondo del barro más sucio que cubría la playa. Con la punta de mis dedos alcancé a rozar los pliegues de la túnica que cubría su pudor.

El viento y la distancia fueron hundiéndose bajo el agua que acariciaba los bordes del horizonte.

Mis ojos se abrieron para enfrentarse con las sombras de mi cuerpo que se multiplicaban girando alrededor de las vigas del techo.

Después que logré ahuyentar los últimos destellos del sueño, descubrí que un rojo sol de abril reflejaba sus rayos justo sobre el centro de mi cabeza.

OLVIDAR LA ETERNIDAD

Moriré un día cualquiera después de que los años agonicen sobre las cenizas del silencio.

Como sucede con todas las rutas que surcan mi memoria, será igual al grito de un acto anticipado por palabras que no se puede recordar cuando fue dicho.

Sucederá antes de que todos sepan que soy el testigo del tiempo y de los tiempos, un destino que acepté cuando aún no conocía los rumbos de mis pasos.

Nunca olvidé que las gotas de sangre que nos nutren tienen precios. Los fui pagando todos, aún los del dolor, los de la traición, y también los de la locura.

Mi boca ha pronunciado todo lo que he podido registrar sobre los ojos. Ahora mis palabras no esperan nada más que haya otros que descubran su horizonte.

Cuando mis labios se cerraron fue, entre otras cosas, lo mismo que una forma de morir aceptando todo el pasado tal cual lo fui componiendo cuando todavía no conocía las leyes del futuro:

el Bien,
la Eternidad,
el Mal,

y también todas las posibles letras que mi boca fue imaginando para poder negarlos.

Ya no acaricio los bordes del sueño de vivir entre las ramas de mis hijos. Sé que moriré simplemente acunado por los brazos de un día inesperado. Pero eso sucederá sólo después que el cansancio de los años agonice más allá de las últimas cenizas del silencio.

A UN POETA DE CABELLOS BLANCOS QUE ME LEYO SUS VERSOS

(A Ricardo Mosquera Eastman)

¿Dónde estarán los labios del poeta de cabellos blancos que quebró con su rayo el silencio de la tarde y se sentó junto a mí para leer las formas más secretas de sus versos?

Aún aquí, en la paz de esta lejana torre en la que habito, puedo escuchar el temblor del fuego de las velas que iluminaban las palabras del poeta de cabellos blancos.

Y también, en los largos silencios de las horas de siesta, muchas veces siento el roce de una mano que todavía vaga por mis hombros ahuyentando los rojizos compases del ocaso cercano.

ABSURDO ENFRENTAMIENTO
ENTRE EL CAOS Y LA NADA

Mi silencio repite la historia de los más antiguos laberintos de rencor edificados sobre la orilla de un río de aguas negras.

Las extrañas caricias que los dedos de otros tiempos dejaron grabadas sobre la impúdica desnudez del aire, me esperan recostadas bajo las oscuras siluetas de la ciudad que aúlla y que devora.

Mis recuerdos se agitan sobre la superficie de un vidrio roto donde se estampa el reflejo del aletear de un siglo de pájaros hambrientos.

El destierro ha sido el escenario sobre el que tuve que representar cada una de las palabras que nunca he logrado modular con los labios.

Acerquen sus oídos para que los inunde con palabras que no me animo a pronunciar. Son las mismas que se acumulan dentro de los empolvados arcones que escondo en los altillos.

Mis palabras han perdido el rumbo del vuelo de sus hojas y vagan sin hallar su horizonte en busca de un autor que se atreva a imaginarles los laureles de un final glorioso.

¿De qué sirve el orden cuando sé que mi ignorancia no es más que una palabra prisionera de la historia?

¿De qué sirven las fuerzas del caos enfrentando la nada que aún no ha sido escrita?

VAGABUNDO CON HUELLAS VOLATILES

Soy el reflejo de una sombra entregada que ha perdido su última inocencia después de recorrer los laberintos más sagrados de la historia.

Por culpa de la forma con que escapan mis palabras, la fuerza de la mano del silencio me ha arrojado contra las paredes de la esclavitud del destierro.

He perdido la costumbre de llevar la cuenta de las noches de vigilia que fui acumulando en la inconciencia y que ahora que ha llegado el tiempo, me obligan a pagar con intereses.

Cuando llegue el momento de pagar por cada uno de mis crímenes, habrá alguien también que se encargará de recordármelo.

Los destellos del brillo de mis ojos describen formas de las letras con las que me burlo de la sombra satánica que insiste en no querer alejarse del cristal con el que cubro mis ventanas.

Con las líneas de los labios armo los ejércitos para ahuyentar las impuras siluetas de los dioses que intentan acercarse hasta el marco de mi puerta.

Creo en las calles sobre las que aún resuenan los ecos de las músicas que escucho por las noches.

Desdeño con pasión la preñez de las palabras que se insultan desde el blanco de las páginas.

Cada nueva noche dejo que mis sueños repitan el sueño de los días cuando me conformaba con errar por caminos en los que sólo podía codiciar las palabras deslumbrantes que entibiaban los otros detrás de los vitrales.

Mi espíritu es hijo de la loca lujuria de un pecado cometido sobre la hierba humedecida por los besos de una tarde de abril que dejó los colores del otoño flotando en las aguas del vientre de mi madre.

Dos seres inocentes olvidaron el temblor de un suspiro que se perdió en su terror sobre la inquebrantable paz que perturba el silencio de los bosques.

Cuando sale el sol me siento sobre las piedras más oscuras y mastico los límites del llanto.

Las nubes más manchadas me rodean intentando secar el rastro de mis lágrimas.

Poseo los contornos del dibujo de una sombra vagabunda que nunca deja de escurrirse sobre la huella volátil que mis pies van estampando a lo largo del camino.

MEMORIA DE LA PENUMBRA

Escuché gargantas que lanzaban pánicos descontrolados, y vi ojos que se deshacían en lágrimas negras.

Antiguas sombras se arrimaban hasta el lecho de metal para ser testigos del enigmático sacrificio. Las estrellas cubrían sus brillos con velos empurpurados. Las manos del miedo insistían en hincar sus dientes sobre la ofrenda y penetraban sus carnes amparadas por sus ojos de águilas.

Los colores del infierno formaban hilos que se iban trenzando sobre las arrugas del piso. La fuerza de una música olvidada cubría los lamentos y las risas.

Al trasponer el último umbral de la ciudad, la luz estalló sembrando los desiertos con cenizas. Se borraron los límites del día y sus bordes se derritieron sobre el cielo. La ofrenda tembló una vez más y su cuerpo se quebró como la más frágil porcelana.

Y el silencio volvió a esconder su rostro bajo la máscara de la penumbra que aún olía a muerte.

SEÑALES PARA HALLAR ESE EXTRAÑO LUGAR EN EL QUE HABITO

Sólo puedo decirles que está más allá
de los aullidos del hospicio que nunca visité,
de la memoria atrapada entre las venas de las hojas,
de las máscaras con las que he cubierto mis rostros,
de los vasos de vino derramados sobre mi garganta,
de la caricia que roza la tensa piel de los muertos,
de las huellas que el tiempo arañó sobre las paredes,
de la alegría siempre desdibujada detrás de los cristales,
de los animales que devoran los tallos más tiernos,
de los cigarrillos con los que ahumo mis angustias,
de los puñales que manos traidoras clavaron en mi espalda,
de la inocencia que he perdido en un juego de naipes,
de los campos que crecen en terrenos ajenos,
de la obscenidad que cubre las grietas de los templos,
de las palabras que se han negado a salir de mi boca,
de las muletas con las que me ayudo a espantar al tiempo,
de los perdones que mis letras se niegan a formar,
quienes se aventuren a seguir el vago rumbo de estas señales,
tal vez puedan hallar ese extraño lugar en el que habito.

Este libro se terminó de imprimir
el 28 de febrero de 1994.

editorial **BETANIA**

Apartado de Correos 50.767
28080 Madrid, ESPAÑA
Teléf. 314 55 55

CATALOGO

- **COLECCION BETANIA DE POESIA. Dirigida por Felipe Lázaro:**
  - *Para el amor pido la palabra*, de Francisco Alvarez-Koki, 64 pp., 1987. ISBN: 84-86662-00-1. PVP: 300 ptas. ($ 6.00).
  - *Piscis*, de José María Urrea, 72 pp., 1987. ISBN: 84-86662-03-6. PVP: 300 ptas. ($ 6.00).
  - *Acuara Ochún de Caracoles Verdes (Poemas de un caimán presente) Canto a mi Habana*, de José Sánchez-Boudy, 48 pp., 1987. ISBN: 84-86662-02-08. PVP: 300 ptas. ($ 6.00).
  - *Los muertos están cada día más indóciles*, de Felipe Lázaro. Prólogo de José Mario, 40 pp., 1987. ISBN: 84-86662-05-2. PVP: 300 ptas. ($ 6.00).
  - *Oscuridad Divina*, de Carlota Caulfield. Prólogo de Juana Rosa Pita, 72 pp., 1987. ISBN: 84-86662-08-7. PVP: 400 ptas. ($ 6.00).
  - *El Cisne Herido y Elegía*, de Luis Ayllón Carrión y Julia Trujillo. Prólogo de Susy Herrero, 208 pp., 1988. ISBN: 84-86662-13-3. PVP: 700 ptas. ($ 9.00).
  - *Don Quijote en América*, de Miguel González. Prólogo de Ramón J. Sender, 104 pp., 1988. ISBN: 84-86662-12-5. PVP: 500 ptas. ($ 8.00).
  - *Palíndromo de Amor y Dudas*, de Benita C. Barroso. Prólogo de Carlos Contramaestre, 80 pp., 1988. ISBN: 84-86662-16-8. PVP: 500 ptas. ($ 8.00).
  - *Transiciones*, de Roberto Picciotto, 64 pp., 1988. ISBN: 84-86662-17-6. PVP: 400 ptas. ($ 6.00).
  - *La Casa Amanecida*, de José López Sánchez-Varos, 72 pp., 1988. ISBN: 84-86662-18-4. PVP: 600 ptas. ($ 6.00).
  - *Trece Poemas*, de José Mario, 40 pp., 1988. ISBN: 84-86662-20-6. PVP: 1.000 ptas. ($ 10.00).
  - *Retorno a Iberia*, de Oscar Gómez-Vidal. Prólogo de Rafael Alfaro, 72 pp., 1988. ISBN: 84-86662-21-4. PVP: 400 ptas. ($ 6.00).
  - *Acrobacia del Abandono*, de Rafael Bordao. Prólogo de Angel Cuadra, 40 pp., 1988. ISBN: 84-86662-22-2. PVP: 400 ptas. ($ 6.00).
  - *De sombras y de sueños*, de Carmen Duzmán. Prólogo de José-Carlos Beltrán, 112 pp., 1988. ISBN: 84-86662-24-9. PVP: 500 ptas. ($ 8.00).
  - *La Balinesa y otros poemas*, de Fuat Andic, 72 pp., 1988. ISBN: 84-86662-25-7. PVP: 400 ptas. ($ 6.00).
  - *No hay fronteras ni estoy lejos*, de Roberto Cazorla, 64 pp., 1989. ISBN: 84-86662-26-5. PVP: 400 ptas. ($ 6.00).
  - *Leyenda de una noche del Caribe*, de Antonio Giraudier, 56 pp., 1989. ISBN: 84-86662-29-X. PVP: 400 ptas. ($ 6.00).
  - *Vigil/Sor Juana Inés / Martí*, de Antonio Giraudier, 56 pp., 1989. ISBN: 84-86662-28-1. PVP: 400 ptas. ($ 6.00).
  - *Bajel Ultimo y otras obras*, de Antonio Giraudier, 120 pp., 1989. ISBN: 84-86662-30-3. PVP: 500 ptas. ($ 8.00).
  - *Equivocaciones*, de Gustavo Pérez Firmat, 56 pp., 1989. ISBN: 84-86662-32-X. PVP: 400 ptas. ($ 6.00).
  - *Altazora acompañando a Vicente*, de Maya Islas, 56 pp., 1989. ISBN: 84-86662-27-3. PVP: 400 ptas. ($ 6.00).

— *Hasta el Presente (Poesía casi completa)*, de Alina Galliano, 336 pp., 1989. ISBN: 84-86662-33-8. PVP: 1.500 ptas. ($ 20.00).
— *No fue posible el sol*, de Elías Miguel Muñoz, 64 pp., 1989. ISBN: 84-86662-34-6. PVP: 400 ptas. ($ 6.00).
— *Hermana*, de Magali Alabau. Prólogo de Librada Hernández, 48 pp., 1989. ISBN: 84-86662-35-4. PVP: 400 ptas. ($ 6.00).
— *Blanca Aldaba Preludia*, de Lourdes Gil, 56 pp., 1989. ISBN: 84-86662-37-0. PVP: 400 ptas. ($ 6.00).
— *El amigo y otros poemas*, de Rolando Campins, 64 pp., 1989. ISBN: 84-86662-39-7. PVP: 400 ptas. (S 6.00).
— *Tropel de Espejos*, de Iraida Iturralde, 56 pp., 1989. ISBN: 84-86662-40-0. PVP: 400 ptas. ($ 6.00).
— *Calles de la Tarde*, Antonio Giraudier, 88 pp., 1989. ISBN: 84-86662-42-7. PVP: 500 ptas. ($ 8.00).
— *Sombras Imaginarias*, de Arminda Valdés-Ginebra, 40 pp., 1989. ISBN: 84-86662-44-3. PVP: 400 ptas. ($ 6.00).
— *Voluntad de vivir manifestándose*, de Reinaldo Arenas, 128 pp., 1989. ISBN: 84-86662-43-5. PVP: 1.000 ptas. ($ 10.00).
— *A la desnuda vida creciente de la nada*, de Jesús Cánovas Martínez. Prólogo de Joaquín Campillo, 112 pp. 1990. ISBN: 84-86662-50-8. PVP: 800 ptas. ($ 8.00). **Agotado**.
— *Sabor de tierra amarga*, de Mercedes Limón. Prólogo de Elías Miguel Muñoz, 72 pp., 1990. ISBN: 84-86662-51-6. PVP: 800 ptas. ($ 8.00).
— *Delirio del Desarraigo*, de Juan José Cantón y Cantón, 48 pp., 1990. ISBN: 84-86662-52-4. PVP: 700 ptas. ($ 6.00).
— *Venías*, de Roberto Valero, 128 pp., 1990. ISBN: 84-86662-54-0. PVP: 1.000 ptas. ($ 10.00).
— *Osadía de los soles truncos / Daring of the brief suns*, de Lydia Vélez-Román (traducción: Angela McEwan), 96 pp., 1990. ISBN: 84-86662-56-7. PVP: 800 ptas. ($ 8.00) **(Edición Bilingüe)**.
— *Noser*, de Mario G. Beruvides. Prólogo de Ana Rosa Núñez, 72 pp., 1990. ISBN: 84-86662-58-3. PVP: 800 ptas. ($ 8.00).
— *Oráculos de la primavera*, de Rolando Camozzi Barrios. 56 pp., 1990. ISBN: 84-86662-65-1. PVP: 800 ptas. ($ 8.00).
— *Poemas de invierno*, de Mario Markus. 64 pp., 1990. ISBN: 84-86662-60-5. PVP: 800 ptas. ($ 8.00).
— *Crisantemos/Chrysanthemums*, de Ana Rosa Núñez. Prólogo de John C. Stout. Traducción: Jay H. Leal, 88 pp., 1990. ISBN: 84-86662-61-3. PVP: 1.000 ptas. ($ 10.00) **(Edición Bilingüe)**.
— *Siempre Jaén*, de Carmen Bermúdez Melero. Prólogo de Fanny Rubio, 96 pp., 1990. ISBN: 84-86662-62-1. PVP: 1.000 ptas. ($ 10.00).
— *Vigilia del Aliento*, de Arminda Valdés-Ginebra, 40 pp., 1990. ISBN: 84-86662-66-4. PVP: 600 ptas. ($ 6.00).
— *Leprosorio (Trilogía Poética)*, de Reinaldo Arenas, 144 pp., 1990. ISBN: 84-8662-67-2. PVP: 1.500 ptas. ($ 15.00).
— *Hasta agotar el éxtasis*, de María Victoria Reyzábal, 64 pp., 1990. ISBN: 84-86662-69-9. PVP: 800 ptas. ($ 8.00).
— *Alas*, de Nery Rivero, 96 pp., 1990. ISBN: 84-8662-72-9. PVP: 1.000 ptas. ($ 10.00).
— *Cartas de Navegación*, de Antonio Merino, 80 pp., 1990. ISBN: 84-86662-76-1. PVP: 1.000 ptas. ($ 10.00).
— *Inmanencia de las cenizas*, de Inés del Castillo, 40 pp., 1991. ISBN: 84-86662-70-2. PVP: 600 ptas. ($ 6.00).
— *Un caduco calendario*, de Pancho Vives, 48 pp., 1991. ISBN: 84-86662-38-9. PVP: 1.000 ptas. ($ 10.00).

- *Polvo de Angel,* de Carlota Caulfield (*Polvere d'Angelo,* traduzione di Pietro Civitareale; *Angel Dust,* Translated by Carol Maier), 64 pp., 1991. ISBN: 84-86662-41-9. PVP: 800 ptas. ($ 8.00) **(Edición Trilingüe).**
- *Las aristas desnudas,* de Amelia del Castillo, 80 pp., 1991. ISBN: 84-86662-74-5. PVP: 1.000 ptas. ($ 10.00).
- *A la desnuda vida creciente de la nada,* de Jesús Cánovas Martínez. Prólogo de Joaquín Campillo, 112 pp., 1991. ISBN: 84-86662-75-3. PVP: 1.000 ptas. ($ 10.00) **(2.ª edición).**
- *Andar en torno,* de Pascual López Santos, 72 pp., 1991. ISBN: 84-86662-78-8. PVP: 800 ptas. ($ 8.00).
- *El Bristol,* de Emeterio Cerro, 56 pp., 1991. ISBN: 84-86662-77-X. PVP: 800 ptas. ($ 8.00).
- *Eclipse de Mar,* de Josep Pla i Ros. Prólogo de José-Carlos Beltrán, 96 pp., 1991. ISBN: 84-86662-79-6. PVP: 800 ptas. ($ 8.00).
- *El Balcón de Venus,* de Rafael Hernández Rico. Prólogo de Rafael Soto Vergés, 104 pp., 1991. ISBN: 84-86662-81-8. PVP: 1.000 ptas. ($ 10.00).
- *Introducción y detalles,* de Javier Sánchez Menéndez, 48 pp., 1991. ISBN: 84-86662-82-6. PVP: 800 ptas. ($ 8.00).
- *Sigo zurciendo las medias de mi hijo,* de Arminda Valdés-Ginebra, 56 pp., 1991. ISBN: 84-86662-80-X. PVP: 800 ptas. ($ 8.00).
- *Diálogo con el mar,* de Vicente Peña, 40 pp., 1991. ISBN: 84-86662-83-4. PVP: 600 ptas. ($ 6.00).
- *Prohibido fijar avisos,* de Manuel Cortés Castañeda. Prólogo de Esperanza López Parada, 88 pp., 1991. ISBN: 84-86662-85-0. PVP: 1.000 ptas. ($ 10.00).
- *Desde los límites del Paraíso,* de José M. Sevilla, 64 pp., 1991. ISBN: 84-86662-86-9. PVP: 800 ptas. ($ 8.00).
- *Jardín de Romances y Meditaciones,* de Carmen Velasco. Prólogo de Angeles Amber, 88 pp., 1991. ISBN: 84-86662-89-3. PVP: 900 ptas. ($ 9.00).
- *Mosaicos bajo la hiedra,* de Amparo Pérez Gutiérrez. Prólogo de Julieta Gómez Paz, 80 pp., 1991. ISBN: 84-86662-88-5. PVP: 1.000 ptas. ($ 10.00).
- *Merla,* de Maya Islas. Traducción Edgar Soberon 112 pp., 1991. ISBN: 84-86662-93-1. PVP: 1.000 ptas. ($ 10.00) **(Edición Bilingüe).**
- *Hemos llegado a Ilión,* de Magali Alabau, 40 pp., 1991. ISBN: 84-86662-91-5. PVP: 800 ptas. ($ 8.00).
- *Cuba sirena dormida,* de Evelio Domínguez, 224 pp., 1991. ISBN: 84-86662-97-4. PVP: 1.275 ptas. ($ 15.00).
- *La novia de Lázaro,* de Dulce María Loynaz, 48 pp., 1991. ISBN: 84-8017-000-X. PVP: 800 ptas. ($ 8.00). **Premio Cervantes 1992.**
- *Mayaland,* de Robert Lima, 64 pp., 1992. ISBN: 84-8017-001-8. PVP: 1.000 ptas. ($ 10.00) **(Edición Bilingüe).**
- *Vértices de amores escondidos,* de Francisco de Asís Antón Sánchez. Prólogo de Carlos Miguel Suárez Radillo, 56 pp., 1992. ISBN: 84-8017-003-4. PVP: 800 ptas. ($ 8.00).
- *Poemas irreparables,* de Pascual López Santos, 48 pp., 1992. ISBN: 84-8017-005-0. PVP: 800 ptas. ($ 8.00).
- *Hermana / Sister,* de Magali Alabau. Prólogo de Librada Hernández, 80 pp., 1992. ISBN: 84-86662-96-6. PVP: 1.000 ptas. ($ 10.00) **(Edición Bilingüe).**
- *Tigre Sentimental,* de Carlos Hugo Mamonde. Prólogo de Leopoldo Castilla, 48 pp., 1993. ISBN: 84-8017-010-7. PVP: 800 ptas. ($ 8.00).
- *Desde la Soledad del Agua,* de Rafael Bueno Novoa, 64 pp., 1993. ISBN: 84-8017-009-3. PVP: 800 ptas. ($ 8.00).
- *Piranese,* de Pierre Seghers. Traducción de Ana Rosa Núñez, 80 pp., 1993. ISBN: 84-8017-014-X. PVP: 1.000 ptas. ($ 10.00) **(Edición Bilingüe).**
- *La Luz Bajo Sospecha,* de Pancho Vives, 88 pp., 1993. ISBN: 84-8017-013-1. PVP: 1.000 ptas. ($ 10.00).

— *La Maruca Bustos,* de Emeterio Cerro, 56 pp., 1993. ISBN: 84-8017-018-2. PVP: 800 ptas. ($ 8.00).
— *Una como autobiografía espiritual,* de Emilio M. Mozo, 80 pp., 1993. ISBN: 84-8017-019-0. PVP: 1.000 ptas. ($ 10.00).
— *Huellas Imposibles (poemas y pensamientos),* de José María Urrea, 88 pp., 1993. ISBN: 84-8017-023-9. PVP: 800 ptas. ($ 8.00).
— *Confesiones eróticas y otros hechizos,* de Daína Chaviano, 72 pp., 1994. ISBN: 84-8017-022-0. PVP: 1.000 ptas. ($10.00).
— *Cuaderno de Antinoo,* de Alberto Lauro, 56 pp., 1994. ISBN: 84-8017-015-8. PVP: 800 ptas. ($ 8.00).
— *Los Hilos del Tapiz,* de David Lago González. Prólogo de Rolando Morelli, 80 pp., 1994. ISBN: 84-8017-006-9. PVP: 1.000 ptas. ($ 10.00).
— *Un jardín de rosas violáceas,* de Elena Clavijo Pérez, 40 pp., 1994. ISBN: 84-8017-033-6. PVP: 800 ptas. ($ 8.00).
— *Señales para hallar ese extraño lugar en el que habito,* de Osvaldo R. Sabino, 128 pp., 1994. ISBN: 84-8017-020-4. PVP: 1.000 ptas. ($10.00).
— *El Duende de Géminis,* de Mario Angel Marrodán, 56 pp., 1994. ISBN: 84-8017-025-5. PVP: 800 ptas. ($ 8.00).
— *Erase una vez una anciana,* de Pancho Vives, 40 pp., 1994. ISBN: 84-8017-027-1. PVP: 800 ptas. ($ 8.00).